Los hermanos Wright

Marissa Hernandez

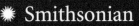

✳ Smithsonian

Autora contribuyente

Allison Duarte, M.A.

Asesores

Tamieka Grizzle, Ed.D.
Instructora de laboratorio de CTIM de K–5
Escuela primaria Harmony Leland

Russ Lee
Curador
Smithsonian

Créditos de publicación

Rachelle Cracchiolo, M.S.Ed., *Editora comercial*
Conni Medina, M.A.Ed., *Redactora jefa*
Diana Kenney, M.A.Ed., NBCT, *Directora de contenido*
Véronique Bos, *Directora creativa*
Robin Erickson, *Directora de arte*
Seth Rogers, *Editor*
Caroline Gasca, M.S.Ed., *Editora superior*
Mindy Duits, *Diseñadora gráfica superior*
Walter Mladina, *Investigador de fotografía*
Smithsonian Science Education Center

Créditos de imágenes: portada, pág.1 (retrato) Apic/Getty Images; contraportada, págs.2–3, pág.4, págs.7–8, págs.10–11, pág.11 (recuadro), págs.14–15, pág.18, pág.20, págs.22–23, pág.32 © Smithsonian; pág.5 (superior) csfotoimages/iStock; pág.5 (inferior), pág.9 Dorling Kindersle/Getty Images; pág.9 (inferior) Library of Congress [LC-USZ62-127779]; pág.16 Library of Congress [LC-DIG-ppprs-00650]; pág.17 Granger Academic; pág.19 Jim Sugar/Corbis/Getty Images; pág.21 Ed Vebell/Getty Images; pág.25 Leemage/Getty Images; pág.27 (superior) U.S. Air Force; pág.31 Peter Spiro/iStock; todas las demás imágenes cortesía de iStock y/o Shutterstock.

Library of Congress Cataloging-in-Publication Data

Names: Hernandez, Marissa, author. | Smithsonian Institution, other.
Title: Los hermanos Wright / Marissa Hernandez, Smithsonian Institution.
Other titles: Wright brothers. Spanish
Description: Huntington Beach, CA : Teacher Created Materials, [2020] |
  Includes index. | Audience: Grades 2-3
Identifiers: LCCN 2019035314 (print) | LCCN 2019035315 (ebook) | ISBN
  9780743926959 (paperback) | ISBN 9780743927109 (ebook)
Subjects: LCSH: Wright, Orville, 1871-1948--Juvenile literature. | Wright,
  Wilbur, 1867-1912--Juvenile literature. | Aeronautics--United
  States--History--20th century--Juvenile literature. | Inventors--United
  States--History--20th century--Juvenile literature. | CYAC:
  Aeronautics--United States. | Inventors--United States. | LCGFT:
  Instructional and educational works.
Classification: LCC TL540.W7 H47518 2020 (print) | LCC TL540.W7 (ebook) |
  DDC 629.130092/273 [B]--dc23
LC record available at https://lccn.loc.gov/2019035314
LC ebook record available at https://lccn.loc.gov/2019035315

Teacher Created Materials

5301 Oceanus Drive
Huntington Beach, CA 92649-1030
www.tcmpub.com

ISBN 978-0-7439-2695-9
© 2020 Teacher Created Materials, Inc.
Printed in Malaysia
Thumbprints.25941

Contenido

Las ganas de volar

Orville y Wilbur Wright eran hermanos. Desde niños, les gustaba experimentar. Querían construir una **máquina** voladora. Los dos habían trabajado con imprentas y motores. También tenían una tienda de bicicletas. Con las mismas herramientas que usaban para reparar bicicletas en su tienda, los hermanos construyeron un **planeador**. El planeador usaba el viento para remontar vuelo, ¡como una cometa!

Los hermanos Wright pasaron años perfeccionando el diseño del planeador. Su objetivo era construir una máquina que pudiera hacer volar a una persona. Durante años, muchos soñaron con un vuelo tripulado, pero nadie lo había logrado. Los hermanos Wright estaban seguros de que podrían hacer ese sueño realidad.

Encontrarían muchos problemas en el camino. Pasarían incontables horas estudiando y probando sus planes. Tendrían que trabajar mucho para convertirse en los padres de la **aviación**.

Orville Wright (derecha) trabaja en la tienda de bicicletas con su amigo Edwin H. Sines (izquierda).

Wilbur y Orville Wright

Crear una máquina voladora

Los hermanos Wright eran inventores. Aplicaban lo que sabían a ideas nuevas. Sabían cómo funcionaban las bicicletas. Eso los ayudó a planificar el diseño del planeador.

Igual que montar en bicicleta

Montar en bicicleta es como volar un avión. Para hacer las dos cosas se necesita equilibrio y control. Las dos máquinas necesitan una estructura fuerte construida con materiales livianos. Los materiales deben ser resistentes al viento y aerodinámicos. Esa característica ayuda a mantener la estabilidad.

Durante años, los hermanos Wright estudiaron el vuelo. Investigaron las aves y sus alas. Observaron las formas, tamaños y ángulos que permiten a las aves volar. Algo que notaron fue que las aves alabeaban, o torcían, las alas para cambiar de dirección en el aire. Así, los hermanos Wright tuvieron una idea sobre cómo podrían hacer que su máquina voladora cambiara de dirección.

El **alabeo** de las alas le permite al águila girar en el aire.

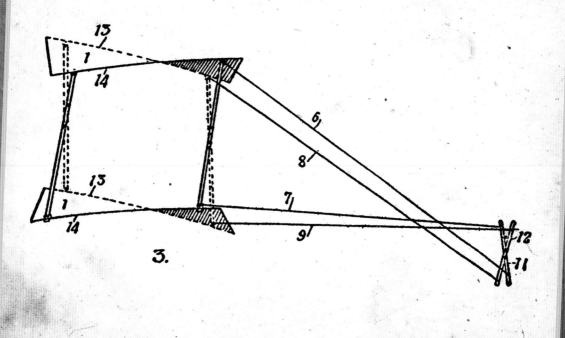

INGENIERÍA

El alabeo de las alas

El alabeo de las alas es una manera de controlar un avión. Un sistema de cables tuerce el borde de las alas en direcciones opuestas. Eso permite que un avión gire inclinándose más hacia la derecha o hacia la izquierda. Los hermanos Wright descubrieron que esa era una manera sencilla de maniobrar un avión. El alabeo de las alas es como hacer volar un avión de papel. Si las puntas del ala están curvadas hacia atrás, el avión planea y gira.

Construir el planeador

Antes de construir un planeador, los hermanos Wright probaron el alabeo de las alas con una cometa. Pero no era una cometa común y corriente. La cometa Wright tenía forma de caja y medía 2 metros (6 pies) de largo. Además, tenía alas grandes a cada lado que podían curvarse y virar. El objetivo de los hermanos era ver si cambiar la forma y el ángulo de las alas ayudaría a maniobrar un avión. ¡Tenían razón! La cometa Wright estaba en equilibrio y bajo control. Orville y Wilbur estaban listos para empezar a construir un planeador.

El primer planeador fue una versión más grande de la cometa Wright. Los hermanos se enfocaron principalmente en la forma y el tamaño de las alas. Gracias a su investigación, sabían que las alas tenían que ser ligeramente curvas en la parte de adelante y más rectas en la parte de atrás. También descubrieron que las alas tenían que ser muy grandes para mantener el equilibrio.

planeador Wright de 1900

ilustración de Wilbur
volando la cometa Wright

Bocetos

Antes de empezar a construir, los
hermanos Wright analizaron otros
diseños de planeadores. Los usaron
para aprender qué había funcionado
y qué había fallado en el pasado.
También hicieron bocetos propios.
Dibujar es una buena manera de
ver algo antes de construirlo. Los
dibujos permiten ver problemas
posibles y modificar las ideas antes
de empezar a construir.

El planeador tenía que ser resistente. Los hermanos usaron madera de pino para construir las alas y las riostras. Las riostras son unas barras que mantienen unidas las alas de arriba y las de abajo. Usaron una tela especial para envolver las alas de madera. Esto ayudaría a mantener las alas juntas si el planeador se golpeaba en el aterrizaje.

Los hermanos estaban listos para probar su primer planeador. Lanzaron la máquina en Kitty Hawk, Carolina del Norte. El área era conocida por sus espacios abiertos y vientos fuertes. Los Wright primero intentaron hacer volar el planeador como si fuera una cometa. Eso les permitió probar la altura y la estabilidad que podía alcanzar el planeador. Los hermanos hicieron volar con éxito el planeador de esta forma varias veces. Luego, una ráfaga de viento hizo que se estrellara. Tenían nuevo trabajo por delante. Volvieron a su casa y empezaron de cero.

Esta foto muestra el planeador de 1900 después de estrellarse.

Tom Tate era un niño que ayudó a los hermanos Wright a hacer volar el primer planeador. Como era pequeño, podía acostarse en el centro del planeador mientras los hermanos lo controlaban desde el suelo.

¡Más alto!

Los hermanos Wright volvieron a su casa con más ideas. Sabían que el diseño y la estructura del planeador eran correctos. Los mandos del planeador también funcionaban. Pero los hermanos querían que el próximo planeador tuviera más **sustentación** para mantenerse en el aire. Por eso, debían cambiar el diseño.

El próximo planeador

Los hermanos volvieron a estudiar las alas. Pensaron que si usaban alas más grandes el planeador tendría más sustentación. Para obtener el tamaño correcto, calcularon la sustentación. También calcularon la **resistencia** que enfrentaría el avión. Y cambiaron el tipo de tela que envolvía las alas.

Aunque hicieron muchos cambios, ese planeador tampoco funcionó. Todavía no tenía suficiente sustentación. Además, era difícil de controlar. Los hermanos quedaron muy decepcionados. Su esfuerzo aún no había dado frutos.

resistencia

Las cuatro fuerzas

Hay cuatro fuerzas que afectan el vuelo. El *peso* es la fuerza de la gravedad, que atrae el avión hacia abajo. La *sustentación* empuja el avión hacia arriba. La crean las alas del avión. El *empuje* mueve al avión hacia adelante con la fuerza generada por el motor. La *resistencia* empuja el avión hacia atrás, en dirección opuesta al movimiento. Las cuatro fuerzas deben equilibrarse entre sí para que el avión pueda volar.

sustentación

empuje

peso

El planeador de 1902

Los hermanos Wright volvieron a poner manos a la obra. La sustentación y la resistencia del planeador eran problemas importantes. Por eso, los hermanos tenían que experimentar antes de construir de nuevo.

Pasaron mucho tiempo observando cómo las cuatro fuerzas (peso, sustentación, empuje y resistencia) actuaban en los planeadores. El primer gran cambio que hicieron fue un nuevo sistema de control. Durante el vuelo, el avión sería capaz de inclinar la nariz hacia arriba y hacia abajo para cambiar el cabeceo. Podría inclinar las alas hacia arriba y hacia abajo en un movimiento conocido como alabeo. La cola también podría hacer girar el avión hacia la izquierda o hacia la derecha, lo que se conoce como guiñada. Por primera vez, se podría controlar una máquina voladora por completo.

Los hermanos estaban listos para hacer otra prueba. Querían asegurarse de que la estructura y el control fueran correctos. Volvieron a Kitty Hawk. Como habían hecho antes, primero hicieron volar el planeador como si fuera una cometa. Los resultados fueron buenos. El planeador tenía suficiente sustentación y los controles de vuelo funcionaban.

En 1902, los hermanos Wright probaron su planeador por tercera vez.

14

túnel de viento

Nuevos inventos

Los hermanos Wright inventaron dos dispositivos para probar su planeador. El primero parecía una bicicleta normal con una rueda adicional en el manillar. Medía la presión del aire y el ángulo de las alas. El segundo era un túnel de viento (que se muestra arriba): una caja de madera con un ventilador y un motor interno. El motor generaba viento. De esta forma, podían probar el control del planeador sin el riesgo de que se estrellara.

15

Había llegado el momento de que los hermanos Wright probaran el planeador ellos mismos. No había asiento. Se acostaron en el centro de las alas. Funcionó. ¡Lo lograron! Ahora, era el momento de darle empuje al planeador para convertirlo en un aeroplano.

El aeroplano de 1903

Los hermanos todavía tenían mucho trabajo por delante. Necesitaban agregar un motor y hélices. Eso le daría empuje al aeroplano. El motor era pesado. Tendrían que cambiar el tamaño de las alas para agregar sustentación. El aeroplano tenía que ser más fuerte para soportar el peso adicional del motor.

Los hermanos construyeron su propio motor. También inventaron un sistema de transmisión con hélice para darle empuje. Usaron los controles de vuelo del planeador en el aeroplano. Los Wright lo construyeron y regresaron a Kitty Hawk. Esta vez, iban a probar su primer avión con motor.

motor del aeroplano de 1903

MATEMÁTICAS

El tamaño de las alas

Los hermanos Wright cambiaron el tamaño de las alas muchas veces. Tenían que determinar qué tan grandes debían ser. Para ello, utilizaron las matemáticas. Dividieron la envergadura entre el área del ala. Así, obtuvieron la información para resolver el problema de la sustentación y la resistencia.

Listos para el despegue

Los hermanos Wright trabajaron durante tres meses en el aeroplano. Esperaron a que hubiera buen clima. Todo tenía que ser perfecto para el despegue.

El riel de lanzamiento

Dado que el aeroplano era más grande que los plancadorcs, los hermanos tuvieron que cambiar la manera de despegar. No podían sostener los extremos para lanzarlo al aire. El aeroplano era demasiado pesado y complejo. Así que construyeron otro dispositivo. Era un **riel de lanzamiento**. Estaba formado por cuatro piezas de metal largas que creaban una vía. Los hermanos querían que el aeroplano avanzara por la vía para ganar velocidad y luego despegar.

Estaban nerviosos, pero se sentían listos. Después de muchos años de trabajo en la máquina voladora, sabían que había llegado la hora.

el aeroplano Wright, listo para volar en 1903

El aeroplano era más pesado de lo que los hermanos imaginaban. ¡Pesaba 274 kilogramos (605 libras)!

El aeroplano Wright de 1903 está exhibido en el Museo Nacional del Aire y el Espacio.

El primer vuelo tripulado

Los hermanos Wright pusieron a prueba el aeroplano. Un frío día de diciembre, Wilbur subió a bordo y se dirigió al riel de lanzamiento. El aeroplano recorrió la vía y se alzó en el aire, pero se detuvo y se estrelló en la arena. Los hermanos no perdieron las esperanzas. Repararon el aeroplano y lo intentaron de nuevo tres días después.

Esta vez, el piloto fue Orville. El aeroplano bajó por el riel de lanzamiento y se mantuvo 12 segundos en el aire. Aunque era poco tiempo, ¡demostró que el aeroplano funcionaba! Los hermanos Wright habían hecho historia. Fue el primer vuelo tripulado por un piloto y controlado en un avión totalmente propulsado por un motor.

Los hermanos hicieron tres vuelos más ese día. Cada vez, el aeroplano volaba más lejos y más tiempo. El viaje final duró 59 segundos y recorrió 260 m (853 ft) antes de aterrizar. ¡Los hermanos Wright habían hecho volar a la humanidad!

Orville fue el primero en permanecer en el aire.

Los hermanos Wright lanzaron una moneda para ver quién sería el primero en volar el aeroplano. Ganó Wilbur.

ilustración del primer vuelo en Kitty Hawk

Pero el viaje no había terminado. Los hermanos Wright no pensaban darle la espalda a la aviación. Siguieron trabajando en otros aeroplanos. Su siguiente objetivo fue construir un avión aún mejor que se mantuviera en el aire durante más tiempo.

El aeroplano de 1904

Los hermanos comenzaron a trabajar en un nuevo aeroplano. Querían que se mantuviera más tiempo en el aire. El primer aeroplano tenía los controles correctos, pero no era estable. El próximo debía ser más confiable.

Los hermanos agregaron más peso a la parte delantera del aeroplano. Eso mejoró el equilibrio. Luego, movieron el timón de profundidad. Ese instrumento controlaba el cabeceo y la sustentación de las alas. Estos cambios mejoraron el diseño del aeroplano de 1904. Fue el primer avión que logró hacer un círculo completo en el aire.

El aeroplano Wright de 1904 hizo un total de 105 vuelos.

Esta foto muestra a Wilbur (izquierda)
y Orville (derecha) sentados en la
entrada de su casa en 1909.

Un avión práctico

Después del vuelo circular, los hermanos supieron que su máquina voladora iba por buen camino. Pero había que hacer más cambios. Los Wright construyeron otro aeroplano en 1905. Duplicaron el tamaño del timón de profundidad. Ahora el aeroplano tenía mucho más control. Podrían volar este avión más tiempo que cualquiera de los otros. Ya estaban listos para mostrar su invento al mundo.

Al principio, nadie les creyó. La gente pensaba que los hermanos mentían sobre los vuelos. Los Wright viajaron a muchos lugares del mundo para mostrar los aeroplanos en acción. Todos se sorprendieron. A Wilbur y Orville Wright se les empezó a llamar los padres de los vuelos tripulados.

Después de eso, los hermanos fundaron la Compañía Wright. Construyeron y vendieron muchos aviones. Incluso trabajaron con el Ejército de EE. UU. en el desarrollo de aviones.

El aeroplano de 1905 está exhibido en Dayton, Ohio. De allí eran los hermanos Wright. Es donde construyeron la mayoría de sus máquinas voladoras.

Dayton, Ohio

Wilbur vuela un avión en Francia en 1908.

La aviación hoy en día

Wilbur y Orville Wright demostraron que probar y perfeccionar una idea da resultado. Querían construir una máquina que ayudara a las personas a volar. ¡Y lo lograron! Pero ese no fue el final de su viaje. Siguieron trabajando para mejorar sus diseños.

Los hermanos cambiaron el mundo. No pasó mucho tiempo antes de que los aviones se convirtieran en una forma común de viajar. ¡Menos de 20 años después del primer vuelo de prueba, hubo gente que cruzó el océano en avión! Muchos de los mismos conceptos del aeroplano Wright se usan para construir aviones hoy en día. Muchos de los controles que inventaron los hermanos Wright todavía se usan. El mundo les debe mucho a los dos dueños de una tienda de bicicletas que soñaban con volar.

Orville (izquierda) y Wilbur (derecha) volaron
juntos una sola vez. Fue en 1910. Viajaron
en un aeroplano seis minutos en total.

DESAFÍO DE CTIAM

Define el problema

Wilbur y Orville Wright modificaron su diseño muchas veces antes de hacer el primer vuelo tripulado en 1903. Experimentaron con muchas partes de sus planeadores y aeroplanos. Tu desafío es probar una de sus ideas. ¿Puedes diseñar un planeador que transporte una carga?

Limitaciones: Solo puedes usar papel y cinta adhesiva para construir tu planeador.

Criterios: El planeador debe recorrer una distancia de 4 metros transportando una carga (10 sujetapapeles).

Investiga y piensa ideas

¿Cómo experimentaron Wilbur y Orville Wright para agregar peso a sus planeadores y aeroplanos? ¿Qué descubrieron? ¿En qué parte podría llevar peso adicional el planeador?

Diseña y construye

Planifica el diseño de tu planeador. Puedes buscar y usar instrucciones de plegado en línea y adaptar el diseño o crear uno propio desde cero. ¿Dónde pondrás los sujetapapeles? ¿Cómo los sujetarás? Construye el planeador y agrega la carga.

Prueba y mejora

Prueba el planeador dos veces y anota la mayor distancia alcanzada. ¿Cómo puedes mejorar tu planeador? ¿Moverás la carga? Modifica tu diseño y vuelve a intentarlo.

Reflexiona y comparte

¿Podrías usar un material diferente para hacer los planeadores? ¿Qué otras partes de los planeadores de papel se podrían cambiar? ¿Podrías agregar más carga a tu planeador?

Glosario

aerodinámicos: diseñados para moverse en el aire

aeroplano: una máquina voladora que tiene motor; un avión

alabeo: la forma curva que toman algunos objetos; la inclinación de un objeto hacia un lado y hacia otro

aviación: la operación de aeronaves

cabeceo: la inclinación de un objeto hacia arriba y hacia abajo

estabilidad: la capacidad de permanecer en equilibrio, sin cambios

guiñada: el giro de un objeto de derecha a izquierda

máquina: un dispositivo con partes móviles que usa energía para hacer un trabajo

planeador: una aeronave que no tiene motor

resistencia: la fuerza que actúa contra el movimiento de un objeto

riel de lanzamiento: un conjunto de vías que ayudan a un avión a despegar

sustentación: una fuerza que mantiene a un avión en el aire

timón de profundidad: la parte del avión que controla la inclinación hacia arriba o hacia abajo

transmisión: la parte de un motor que convierte la potencia del motor en el movimiento giratorio de las ruedas

Índice

¿Quieres diseñar aviones?
Estos son algunos consejos para empezar.

"Los diseñadores de aviones usan destrezas de matemáticas y ciencias, así que estudia mucho en esas clases. La próxima vez que estés en un avión, observa el cabeceo, el alabeo y la guiñada. Tienen un papel importante en el vuelo del avión. Trata de armar aviones a escala. ¡Así aprendí sobre los aviones cuando era niño!". —**Russ Lee, director, Departamento de Aeronáutica**

"Podemos aprender mucho de los hermanos Wright, sobre todo porque nunca se dieron por vencidos. Diseñaron, construyeron y probaron sus planeadores y aviones. Luego, los perfeccionaron. La creatividad y la resolución de problemas son una parte importante de CTIAM. Si quieres diseñar aviones, trenes, edificios o autopistas, debes tener la misma tenacidad". —**Mike Hulslander, responsable de la galería "How Things Fly"**